# Cuando nuestra vida llega a su fin

# Rick Jones

**CHICK**
PUBLICATIONS

Si desea una lista completa de los
distribuidores internacionales que venden
este libro, llame a Chick Publications o
visite nuestra página en la Internet:
**www.chick.com/distrib.asp**

Todos los pasajes bíblicos fueron tomados
de la Versión Reina-Valera 1960.

© 2000 por Rick Jones

**CHICK PUBLICATIONS**
P. O. Box 3500, Ontario, CA 91761-1100 EUA
**Tel:** (909) 987-0771
**Fax:** (909) 941-8128
**Web:** www.chick.com
**E-mail:** postmaster@chick.com

*Impreso en los Estados Unidos de América*

Todos los derechos están reservados. Ninguna parte de este libro puede ser reproducido, archivado electrónicamente o trasmitido por cualquier forma o medio sin permiso escrito del propietario de los derechos reservados.

ISBN: 0-758903-95-2

Usted *vivirá* para siempre.

La pregunta es... *¿dónde?*

Después de leer este pequeño libro, sabrá la verdad acerca de lo que le espera después de la muerte. También conocerá la respuesta a las preguntas más comunes en la vida. Por ejemplo:

- ¿Existe Dios?
- ¿Existe el diablo?
- ¿Existe el cielo?
- ¿Existe el infierno?
- ¿Puedo creer en la Biblia?
- ¿Acaso un Dios amoroso enviaría gente al infierno?
- ¿Puedo saber si iré al cielo cuando muera?
- ¿Acaso no hay muchos caminos al cielo?
- ¿No somos todos hijos de Dios?
- ¿Por qué es Jesucristo tan especial?
- ¿Y qué de los cristianos hipócritas?
- ¿No es el cristianismo sólo para los débiles?

Verá que en este libro citamos muchos pasajes bíblicos. La razón es que la palabra del hombre carece de autoridad, pero la Palabra de Dios es la autoridad final. Usted se dará cuenta de que la Biblia es un libro en el que puede confiar, y que tiene las respuestas a las preguntas más importantes en la vida.

# Introducción

"Cariño, estaré en casa en 20 minutos... y tengo una sorpresa para ti".

Diana estaba ansiosa por ver a Carlos, su esposo. Estaba retornando de un viaje de negocios después de dos semanas.

"Estoy en el aeropuerto. Ya tengo mis maletas y voy al auto para ir a casa. Estoy desesperado por verte. Te quiero mucho".

Diana se sintió más tranquila. Siempre se preocupaba cuando Carlos viajaba en avión. Pero, al saber que ya estaba a salvo, con los pies en la tierra, dio un suspiro de alivio.

Diana esperaba ansiosa cerca de la puerta. Cada vez que pasaba un auto, miraba por la ventana para ver si era Carlos. Luego se sentía decepcionada porque no era él. Después de 30 minutos, comenzó a caminar sintiéndose muy nerviosa.

"¿Dónde está?", se preguntaba.

"Ya debería estar aquí".

Después de casi una hora, Diana escuchó que cerraban la puerta de un auto. Emocionada, saltó del sillón para abrir la puerta, esperando ver el rostro sonriente y los brazos extendidos de su esposo. En cambio, vio a dos policías con rostros serios. Diana se quedó inmóvil.

"¿Es usted Diana Romero?", preguntó uno de los policías.

"Sí", respondió temblando. "¿Por qué? ¿Qué ha pasado?"

"Lo sentimos, pero tenemos malas noticias".

Diana empezó a sentir pánico.

"Por favor, ¿podemos entrar?"

"¿Es Carlos? ¿Le pasó algo a Carlos?"

"Señora Romero, sentimos mucho decirle que su esposo ha muerto. Su auto fue chocado por otro a unos cinco kilómetros de aquí. El otro conductor estaba ebrio".

Diana, sin poder creerlo aún, gritó: "¡Es imposible! ¡Hace sólo un rato hablé con él! Tenemos dos hijos que criar. Tenemos planes... tenemos..."

Lamentablemente, era cierto. Carlos había muerto. En un instante. Momentos antes estaba hablando por teléfono... ahora estaba muerto.

Aunque a nadie le gusta pensar en la muerte, algún día cada uno de nosotros morirá. ¿Alguna vez ha estado acostado en la cama por la noche, mirando al techo y preguntándose qué pasará cuando dé el último suspiro? ¿Se ha preguntado alguna vez: Existe Dios?... ¿Hay vida después de la muerte, o todo termina en la tumba?... ¿Puedo saber qué pasará conmigo?

La verdad es que usted *puede* tener ahora la respuesta a cada una de esas preguntas. De hecho, cuando termine de leer este libro, las tendrá... *¡se lo garantizamos!*

Así que, siéntese, póngase cómodo y conozca cómo pasará la eternidad. Recuerde, no hay nada que le garantice que mañana estará con vida para leer este pequeño libro. Por favor, léalo ahora.

Tal vez le sorprenda esto, pero las respuestas a las preguntas planteadas no sólo están a disposición de todos, sino que quizá hayan estado en su casa por años. ¿Dónde? En la Biblia.

Espere un momento. Antes que deseche este libro como si fuera una reliquia anticuada y cubierta de polvo, continúe leyendo. La Biblia es un libro sorprendente, con respuestas prácticas a las preguntas más difíciles de hoy.

No se deje engañar. La Biblia no es un libro escrito por hombres, es la inspirada Palabra de Dios:

*Toda la Escritura **es inspirada por Dios,** y útil para enseñar, para redargüir, para corregir, para instruir en justicia (2 Timoteo 3:16).*

Por supuesto, fueron hombres los que escribieron las palabras, pero Dios se las dio directamente:

*Porque nunca la profecía fue traída por voluntad humana, sino que los santos hombres de Dios hablaron **siendo inspirados por el Espíritu Santo** (2 Pedro 1:21).*

Por ser la Biblia tan importante, Dios prometió preservar Su Palabra para siempre:

*Las palabras de Jehová son palabras limpias... Tú, Jehová, los guardarás; **de esta generación los preservarás para siempre** (Salmos 12:6-7).*

Antes de responder a sus preguntas en relación a la eternidad, primero debemos mostrar que la Biblia es una fuente confiable. Para confiar en este libro respecto a asuntos eternos, primero debe convencerse de que también es confiable en otras áreas.

## Como libro, la Biblia es un milagro

La Biblia fue escrita por más de 40 autores en el transcurso de 1,600 años, comenzando alrededor del año 1500 a.C. Venciendo en forma increíble la ley de las probabilidades, todos los relatos armonizan perfectamente porque, en realidad, la Biblia tiene un solo Autor: Dios.

*La suma de tu palabra es verdad, y eterno es todo juicio de tu justicia (Salmos 119:160).*

A través de la historia, muchos eruditos incrédulos han estudiado la Biblia con la intención de desacreditarla. Sin embargo, su milagrosa exactitud histórica a menudo los guió más bien a un encuentro con Cristo.

## ¿Se han cumplido las profecías de la Biblia?

La prueba más grande del origen divino de la Biblia son sus numerosas profecías cumplidas, cuyo número va en aumento cada día. Ningún otro libro religioso tiene profecías cumplidas.

Sólo respecto al Señor Jesucristo, la Biblia tiene por lo menos 60 profecías. La Palabra de Dios declara que nacería de una virgen (Isaías 7:14), en Belén (Miqueas 5:2). Sería rechazado por su propio pueblo (Isaías 53:3), y sería traspasado (Zacarías 12:10). Todas estas profecías, pronunciadas mucho tiempo antes que se cumplieran, ocurrieron exactamente como se predijo en la Biblia.

La Biblia profetizó lo siguiente más de 700 años antes que Cristo naciera:

*Porque un niño nos es nacido, hijo nos es dado, y el*

*principado sobre su hombro; y se llamará su nombre
Admirable, Consejero, Dios Fuerte, Padre Eterno,
Príncipe de Paz (Isaías 9:6).*

Esta es una de las más grandes profecías respecto a la crucifixión de Jesucristo. Salmos 22:14-18 provee un relato descriptivo y detallado de la muerte de Cristo en la cruz. Lo sorprendente es que se escribió 1,000 años antes que ocurriera, y en ese tiempo ni siquiera se realizaban crucifixiones.

Durante su ministerio terrenal, Jesús declaró que Jerusalén sería completamente destruida (Mateo 24:2). Después de unos años, se cumplió esa profecía.

Más de 1,400 años antes del nacimiento de Cristo, la Biblia predijo que Israel se reuniría otra vez como nación (Deuteronomio 30:3). En 1948, más de 3,000 años después, esa profecía se cumplió milagrosamente. Con razón la Biblia dice:

*Porque de cierto os digo que hasta que pasen el cielo
y la tierra, ni una jota ni una tilde pasará de la ley,
hasta que todo se haya cumplido (Mateo 5:18).*

Amigo, mientras más conozca de las profecías bíblicas que se han cumplido, más se convencerá de que esta es la Palabra de Dios santa e inspirada, y más confianza tendrá en ella en cuanto a la preparación para su destino eterno.

## ¿Son exactos los datos científicos de la Biblia?

Aunque la Biblia no es un libro de ciencia, sus páginas contienen muchos datos científicos. Por lo general, a la humanidad le tomó siglos descubrir lo que la Biblia había declarado hacía mucho tiempo.

En 1615, William Harvey hizo un descubrimiento que

todos consideraron brillante: que la vida de toda carne está en la sangre. Pero, 3,000 años antes, la Biblia ya había afirmado: *"la vida de la carne en la sangre está" (Levítico 17:11).*

En 1475, Copérnico descubrió que la tierra era redonda y que se sostenía en el espacio. Sin embargo, 2,000 años antes, la Biblia había proclamado: *"El está sentado sobre el **círculo de la tierra**" (Isaías 40:22).* Respecto a Dios, la Biblia también dice: *"El... cuelga la tierra **sobre nada**" (Job 26:7).*

En la década de 1840, cuando Lord Rosse construyó lo que para entonces era el telescopio más grande del mundo, el hombre aprendió acerca del gran espacio vacío en el norte. Pero, mucho tiempo antes, la Biblia había anunciado: *"El extiende el norte sobre **vacío**" (Job 26:7).*

Aunque la Biblia no es un libro de ciencia, científicamente es 100 por ciento exacta.

## ¿Son exactos los hechos registrados en la Biblia?

Sin duda usted ha escuchado a personas que se burlan de las famosas historias bíblicas. Quizá el relato del que más se han reído sea el de Jonás cuando fue tragado por un gran pez.

Tome en cuenta lo siguiente. En la edición de diciembre de 1992 de la revista *National Geographic,* el biólogo marino de la Universidad de Maryland, Eugenie Clark —que realizó extensos estudios acerca de los tiburones *rhiniodon*— confirmó en forma detallada casi todos los aspectos de la historia de Jonás. El profesor Clark escribió:

"El singular sistema digestivo del tiburón *rhiniodon* ayuda a confirmar la historia de Jonás. Es fácil imaginar que alguien pueda ser tragado repentinamente por uno de estos tiburones..."

La historia de Jonás y el gran pez termina cuando éste "vomitó a Jonás en tierra" (Jonás 2:10). El profesor Clark dice:

"Los tiburones tienen una forma no violenta de deshacerse de objetos grandes de dudosa digestibilidad que tragan accidentalmente. En un proceso conocido como eversión gástrica, el tiburón puede vaciar lentamente el orificio esofágico del estómago, volteándolo de adentro para afuera y empujándolo hacia la boca".

J. Sidlow Baxter, en su libro *Explore the Book* (Explore el Libro), relata lo que sucedió en un barco ballenero cerca de las islas Malvinas en febrero de 1891. Mientras dos pequeños botes auxiliares intentaban arponear a un enorme cachalote, uno de esos balleneros se volcó. Un pescador se ahogó y el otro, James Bartley, desapareció. Finalmente mataron a la ballena y la subieron al barco. Los marineros trabajaron todo el día y hasta el anochecer quitando la grasa de la ballena. Al día siguiente, quedaron desconcertados al observar señales de vida. Abrieron el estómago del gran cachalote y allí encontraron a James Bartley, encogido e inconsciente. Lo reavivaron con un baño de agua de mar, y a las tres semanas volvió a sus deberes cotidianos.

## El diluvio y el arca de Noé

Por años los "expertos" se reían de aquellos que creían en el relato del arca de Noé y el diluvio mundial. Pero, los más inteligentes ya no se ríen. En 1959, un capitán del ejército turco examinaba unas fotos aéreas de su condado, cuando notó algo que tenía la forma de un barco, más o menos de 152 metros de longitud (el tamaño del arca de la Biblia), en la misma área donde la Biblia dice que reposó el arca. Muchas expediciones han llegado a ese lugar y las numerosas evidencias han convencido a un sinnúmero de testigos de que en realidad es el arca de Noé.

Como ve, no importa cuán increíble parezca ser una historia de la Biblia; si la Palabra de Dios dice que es verdad, entonces es verdad:

*Santifícalos en tu verdad; **tu palabra es verdad** (Juan 17:17).*

### ¿Son exactos los datos arqueológicos de la Biblia?

Puesto que la Biblia menciona cientos de ciudades antiguas, reyes, etc., las excavaciones en esos lugares tendrían que revelar pruebas sólidas; de lo contrario, desecharíamos la Biblia como simple fábula. No se preocupe. Por medio de la arqueología se han descubierto tantos nombres, ciudades y eventos bíblicos, que la Biblia es vista como el documento histórico más importante que existe. De hecho, muchas ciudades perdidas se han hallado usando la Biblia como mapa.

Veamos un ejemplo. La Biblia se refiere más de 40 veces al gran imperio hitita. Sin embargo, hace 100 años no había ninguna prueba arqueológica que confirmara que ese imperio había existido. Los escépticos decían que era sólo "otro mito de la Biblia". Pero, en 1906, Hugo Winckler descubrió una biblioteca de 10,000 tablillas de arcilla que documentaban plenamente la existencia del imperio hitita perdido. La Biblia tenía la razón.

Podríamos dar cientos de ejemplos, pero la realidad es que los hallazgos arqueológicos constantemente confirman lo que la Biblia declaró hace mucho tiempo, y ningún hallazgo ha demostrado que alguna referencia bíblica sea falsa. Eso se debe a que la Biblia es 100 por ciento exacta en lo arqueológico.

## ¿Son exactos los datos históricos de la Biblia?

Muchos eruditos reconocen la asombrosa precisión histórica de la Biblia. ¿Sabía usted que el nacimiento, la vida y la muerte de Jesucristo son hechos históricos confirmados? Un historiador judío (que no era seguidor de Cristo), más o menos por el año 93 d.C., escribió lo siguiente:

> "Más o menos por este tiempo estuvo Jesús, un hombre sabio, si es que es válido llamarlo hombre; porque él obraba prodigios... Atrajo a muchos judíos y a muchos gentiles. Era [el] Cristo. Y cuando Pilato, por sugerencia de los líderes entre nosotros, lo condenó a la cruz, aquellos que lo amaron desde el principio no lo abandonaron, porque él se les apareció vivo otra vez al tercer día, como lo habían anunciado los profetas divinos..."[1]

Usted puede confiar en la Biblia en los asuntos eternos porque nadie puede negar su exactitud histórica.

## ¿Por qué no ha desaparecido la Biblia?

Muchos afirman que la Biblia es un libro anticuado e irrelevante para hoy, pero la verdad es que es más popular que nunca. Se mantiene como uno de los libros de mayor venta, y todas las culturas sobre la tierra han sentido su influencia. Se ha traducido a unos 4,000 idiomas, y éstos aumentan con regularidad. ¿Por qué? Porque Dios prometió lo siguiente:

> *El cielo y la tierra pasarán, pero **mis palabras no pasarán** (Mateo 24:35).*

Al leer los versículos bíblicos que incluimos en este libro,

---

[1] *Antiquities of the Jews,* en *The Life and Works of Flavius Josephus* (The John C. Winston Company), p. 535.

usted puede creer y confiar en ellos porque son palabras de Dios, tomadas del sobrenatural Libro de Dios. Ahora comencemos a dar respuesta a algunas preguntas importantes.

## ¿Existe Dios?

Por supuesto que sí. Las primeras palabras de la Biblia son: "En el principio creó Dios los cielos y la tierra" (Génesis 1:1). Dios no intenta probar Su existencia, sencillamente la declara como un hecho dado.

¿Existe Dios? Salga una noche y mire el cielo lleno de estrellas. Tome en cuenta los cientos de millones de estrellas que están a millones de kilómetros de distancia. Piense en los otros planetas, galaxias y sistemas solares. La Biblia nos hace recordar:

*Los cielos cuentan la gloria de Dios, y el firmamento anuncia la obra de sus manos (Salmos 19:1).*

¿Existe Dios? Considere el cuerpo humano. Salmos 139:14 dice: "Formidables y maravillosas son tus obras". Examinemos una pequeña parte del cuerpo humano: el ojo. Por su extrema complejidad, los científicos todavía no comprenden totalmente cómo funciona. Adivine quién dijo:

"Suponer que el ojo, con su inimitable mecanismo para enfocar a diferentes distancias, para dejar pasar distintas intensidades de luz, y para corregir las aberraciones esféricas y cromáticas, pudiera haberse formado por selección natural, parece —lo confieso abiertamente— una idea absurda del más alto grado posible... Creer que un órgano tan perfecto como el ojo pudiera haberse formado por selección natural es más que suficiente para desconcertar a cualquiera".[1]

[1] E. Shute, *Flaws in the Theory of Evolution* (Nutley, NJ: Craig Press, 1961), pp. 127-128.

*Cuando nuestra vida llega a su fin*

¿Quién declaró esta gran verdad? Ningún otro sino el famoso evolucionista Carlos Darwin. Incluso él reconoció que un órgano tan intrincado y fascinante como el ojo, requería un Creador.

Sir Isaac Newton dijo: "Este elegante sistema de soles y planetas podía surgir sólo del propósito de un Ser inteligente y poderoso".

Albert Einstein declaró: "La armonía de la ley natural revela una inteligencia de tal superioridad que, comparada con ella, todo el pensamiento sistemático de los seres humanos es absolutamente insignificante".

Sí, existe Dios. Las pruebas son contundentes. Y, algún día estaremos delante de El:

*De manera que cada uno de nosotros dará a Dios cuenta de sí (Romanos 14:12).*

¿Estará usted preparado? Cuando termine de leer este libro, su respuesta puede ser "sí".

## ¿Existe el diablo?

Así como existe Dios, existe también el diablo. Ezequiel 28 nos da información acerca de este personaje malévolo. Fue creado por Dios y vivía en el cielo (v. 13). Dios lo puso como un querubín ungido (v. 14). Era perfecto y hermoso (v. 12), por lo cual se enalteció (v. 17). Se rebeló contra Dios (vv. 15-16), y fue echado del cielo (v. 16). Lucero, que fue su nombre original, fue echado a la tierra (v. 18), donde llegó a ser conocido como Satanás:

*¡Cómo caíste del cielo, oh Lucero, hijo de la mañana! Cortado fuiste por tierra, tú que debilitabas a las naciones (Isaías 14:12).*

*Fue lanzado fuera el gran dragón, la serpiente*

*antigua, que se llama diablo y Satanás, el cual engaña al mundo entero; fue arrojado a la tierra, y sus ángeles fueron arrojados con él (Apocalipsis 12:9).*

Satanás es ahora el dios de este mundo (2 Corintios 4:4), pero algún día será echado en las llamas del infierno (Isaías 14:15, donde arderá por la eternidad:

*Y el diablo que los engañaba fue lanzado en el lago de fuego y azufre, donde estaban la bestia y el falso profeta; y serán atormentados día y noche por los siglos de los siglos (Apocalipsis 20:10).*

Hoy camina por la tierra como su enemigo espiritual invisible, para engañarlo a usted y destruirlo:

*Sed sobrios, y velad; porque vuestro adversario el diablo, como león rugiente, anda alrededor buscando a quien devorar (1 Pedro 5:8).*

El principal propósito de Satanás es verlo a usted en el lago de fuego. En este momento, él está furioso porque usted está leyendo este libro. El odia las verdades que usted está aprendiendo. No permita que le impida terminar de leer este libro.

### ¿Existe el cielo?

La santa Palabra de Dios nos asegura en repetidas ocasiones que existe un lugar de eterna belleza y esplendor llamado cielo:

*... porque Dios está **en el cielo** (Eclesiastés 5:2).*

*¿**No lleno yo,** dice Jehová, **el cielo** y la tierra? (Jeremías 23:24).*

Las calles del cielo están cubiertas con oro puro (Apocalipsis 21:21), y allí nada se corrompe (Mateo 6:20). Los que lleguen allí, compartirán con los ángeles ese lugar de

*Cuando nuestra vida llega a su fin* 17

eterna paz y gozo (Mateo 18:10) y recibirán el eterno galardón (Mateo 5:12). Lo mejor de todo es que Dios desea que vivamos allí para siempre. Jesús dijo:

> *En la casa de mi Padre muchas moradas hay; si así no fuera, yo os lo hubiera dicho; voy, pues, a preparar lugar para vosotros. Y si me fuere y os preparare lugar, vendré otra vez, y os tomaré a mí mismo, para que donde yo estoy, vosotros también estéis (Juan 14:2-3).*

Muchos escépticos afirman que no existe el cielo, pero la incredulidad de ellos no cambia la realidad. Durante una tormenta de nieve en una fría noche de diciembre, un agricultor de Minnesota estaba viendo las noticias por la TV. Cuando vio allí a personas que se asoleaban bajo las cálidas temperaturas de Hawai, le dijo a su esposa: "Realmente no creo que exista un lugar tan bello". Bueno, ya sea que lo crea él o no, Hawai existe. Así también el cielo.

### ¿Existe el infierno?

Así como existe un lugar de eterna felicidad llamado cielo, también existe un lugar de castigo eterno llamado infierno. No es un tema popular, pero usted debe estar advertido. La Biblia nos habla de un hombre que fue allí:

> *Aconteció que murió el mendigo, y fue llevado por los ángeles al seno de Abraham; y murió también el rico, y fue sepultado. Y en el Hades alzó sus ojos, estando en tormentos, y vio de lejos a Abraham, y a Lázaro en su seno. Entonces él, dando voces, dijo: Padre Abraham, ten misericordia de mí, y envía a Lázaro para que moje la punta de su dedo en agua, y refresque mi lengua; porque estoy atormentado en esta llama (Lucas 16:22-24).*

Nuestra mente no puede imaginar un lugar tan siniestro como ese. Se describe el infierno como "fuego eterno" (Mateo 25:41; Judas 7) y "horno de fuego" (Mateo 13:42). Apocalipsis 20:10 se refiere a él como "lago de fuego y azufre". Todo aquel que es condenado a ese lugar "será atormentado con fuego y azufre" (Apocalipsis 14:10).

El infierno es mencionado también como las "tinieblas de afuera" (Mateo 8:12), un lugar donde reina "la oscuridad de las tinieblas" (Judas 13), donde sus habitantes sufren "prisiones de oscuridad" (2 Pedro 2:4) en un "abismo" (Apocalipsis 20:3).

Los habitantes del infierno experimentan el "lloro y crujir de dientes" (Mateo 8:12), "eterna perdición" (2 Tesalonicenses 1:9), y "el humo de su tormento sube por los siglos de los siglos" (Apocalipsis 14:11). Lo peor es que la población del infierno aumenta cada día, pero nunca se llena (Proverbios 27:20).

Ese horrible lugar de tormento eterno fue preparado para el diablo y sus ángeles (Mateo 25:41). Satanás sabe que finalmente será condenado a ese lugar (Isaías 14:15; Apocalipsis 20:10). Lo mismo pasará con todos los que rechacen el único medio que Dios ha provisto para entrar al cielo (2 Tesalonicenses 1:8).

Es imposible tratar de comprender el dolor eterno que se sufrirá en el infierno. Para tener una mínima idea, imagine que pone su mano sobre una hornilla encendida de la cocina. Aunque su mano la tocara sólo por una fracción de segundo, usted gritaría de dolor. Ahora imagine qué pasaría si no pudiera retirar la mano de la hornilla. Peor aún, imagine todo su cuerpo dentro de un horno ardiente, sin posibilidad de escape... para siempre.

Aunque nuestra mente finita no puede comprender lo terrible del infierno, no hay duda de que es un lugar que usted debe evitar. Y, gracias a la misericordia de Dios, puede lograrlo. Pronto sabrá cómo hacerlo.

### ¿Acaso un Dios amoroso enviaría gente al infierno?

Según la infalible Palabra de Dios, la respuesta es sí. Esta pregunta que muchos hacen da a entender que Dios es injusto porque mucha gente va al infierno. El no es injusto. La verdad es que Dios no envía a las personas al infierno en forma arbitraria. Ellas *eligen* ir allá. Y, nadie sufre más que Dios por esto:

*El Señor... es paciente... no queriendo que ninguno perezca, sino que todos procedan al arrepentimiento (2 Pedro 3:9).*

Dios le ama y no quiere que usted vaya al infierno:

*Vivo yo, dice Jehová el Señor, que no quiero la muerte del impío (Ezequiel 33:11).*

Dios nos ama tanto que pagó el precio máximo para librarnos del infierno. Envió a Jesucristo, Su único Hijo, para sufrir una muerte terrible en la cruz a fin de que pudiéramos escapar de las llamas del infierno.

Sin embargo, en Su amor perfecto, Dios también nos da libre albedrío. Podemos aceptar o rechazar el medio de salvación que El nos dio. Si lo rechazamos y ardemos en el infierno, es culpa nuestra y no de Dios.

Imagine a un preso que espera la pena de muerte. Está a punto de ser ejecutado, cuando el carcelero se presenta en su celda con un documento de perdón firmado por el gobernador. Lo único que debe hacer esta persona condenada es aceptar el perdón y salir de la prisión como un hombre libre. Pero, supongamos que rechaza el perdón y es ejecutado. ¿Es culpa del gobernador? No. El hizo todo lo que pudo, pero rechazaron su oferta.

Sucede lo mismo con nuestro destino eterno. Podemos aceptar la oferta de Dios, o rechazarla y sufrir las consecuencias. La decisión es nuestra. ¿Qué podría ser más justo? Pronto usted tendrá la oportunidad de elegir el cielo como su eterno hogar. Si deja de leer y no hace nada, el infierno es el lugar a donde irá.

### ¿Puedo saber si iré al cielo cuando muera?

Permitamos que la Palabra de Dios responda esta pegunta:

*Estas cosas os he escrito a vosotros que creéis en el nombre del Hijo de Dios,* **para que sepáis que tenéis vida eterna** *(1 Juan 5:13).*

Reflexione en lo siguiente. Sabiendo que existe un cielo y un infierno, ¿cree que un Dios que le ama desearía que usted pase toda la vida con el temor de terminar en el infierno? Por supuesto que no. Si El no le permitiera saber a dónde irá después de la muerte, esa sería la tortura más cruel.

Imagine esta situación hipotética. Una mujer que está sufriendo de fuertes dolores de estómago, va a consultar a su médico. Después de hacerle varios exámenes, el doctor llama a la señora y le dice: "Sé que mañana usted y su esposo se irán de vacaciones por tres semanas. Tengo los resultados de los exámenes y sé cuál es su problema, pero no se los daré sino hasta que regrese. Pero, le diré lo siguiente: es una enfermedad leve, o una enfermedad fatal que le causará una muerte lenta y agonizante".

¿Gozaría esta mujer de sus vacaciones? ¡Imposible! Estaría atormentada día y noche. Se sentiría desesperada por conocer su suerte. Es cierto que esta ilustración es algo exagerada, pero usted comprende lo que queremos decir. Sería increíblemente cruel que Dios dijera en Su Palabra que algunas personas se quemarán en el infierno para siempre, pero que se negara a decirnos cómo podríamos evitar esas llamas. Es por eso que la Palabra de Dios dice que podemos tener:

*una herencia incorruptible, incontaminada e inmarcesible, **reservada en los cielos para vosotros** (1 Pedro 1:4).*

¿Desea reservar su lugar en el cielo? Continúe leyendo.

## ¿Acaso no hay muchos caminos al cielo, como los radios de la rueda de la bicicleta?

Aunque esta difundida creencia suene poética, sencillamente no es bíblica. Según la Palabra de Dios, hay sólo un camino al cielo. Jesucristo dijo:

*Yo soy el camino, y la verdad, y la vida; nadie viene al Padre, **sino por mí** (Juan 14:6).*

Refiriéndose a Jesús, la Biblia declara:

*Y **en ningún otro** hay salvación; porque no hay otro nombre bajo el cielo, dado a los hombres, en que podamos ser salvos (Hechos 4:12).*

Jesús dice que la salvación es sólo por medio de El:

***Yo soy la puerta;** el que por mí entrare, será salvo (Juan 10:9).*

Si hubiera muchos caminos para ir al cielo, entonces la mayoría de las personas irían allí. Lea las siguientes palabras que Jesús dirigió a las multitudes en Su sermón del monte:

*Entrad por la puerta estrecha; porque ancha es la puerta, y espacioso el camino que lleva a la* *perdición, y **muchos** son los que entran por ella; porque estrecha es la puerta, y angosto el camino que lleva a la vida, y **pocos** son los que la hallan (Mateo 7:13-14).*

Vea lo que dice. **Muchos** van a la perdición. **Pocos** hallan la vida eterna. Usted puede ser uno de los pocos. Depende de usted.

### ¿Iré al cielo si me esfuerzo por hacer el bien?

Millones de personas esperan ganar el cielo si se esfuerzan al máximo por hacer el bien. Sin embargo, la Biblia dice que aun lo mejor en nosotros nunca será suficiente:

*Si bien todos nosotros somos como suciedad, y todas nuestras justicias **como trapo de inmundicia** (Isaías 64:6).*

Salomón, el rey sabio, dijo:

*Ciertamente **no hay** hombre justo en la tierra, que haga el bien y nunca peque (Eclesiastés 7:20).*

El apóstol Pablo, que escribió gran parte del Nuevo Testamento, dijo lo siguiente:

*Y yo sé que en mí, esto es, en mi carne, **no mora el bien** (Romanos 7:18).*

Pablo también afirmó:

*Como está escrito: **No hay justo, ni aun uno** (Romanos 3:10).*

La Biblia dice que nadie irá al cielo por buenas obras:

*Ya que por las obras de la ley ningún ser humano será justificado delante de él (Romanos 3:20).*

Si cree que irá al cielo si se esfuerza para hacer el bien, sufrirá una enorme decepción.

## ¿Iré al cielo si soy sinceramente religioso?

La Palabra de Dios dice que personas religiosas muy bien intencionadas arderán en el infierno. Jesús mismo dijo que muchas personas religiosas comparecerán ante El en el día del juicio, creyendo que por sus buenas obras entrarán al cielo:

*Muchos me dirán en aquel día: Señor, Señor, ¿no profetizamos en tu nombre, y en tu nombre echamos fuera demonios, y en tu nombre hicimos muchos milagros? (Mateo 7:22).*

¿Se imagina la situación de esas personas? Ellos predicaron en el nombre de Jesús. En Su nombre echaron fuera demonios e hicieron milagros. Por eso quedan sorprendidos al saber que no pueden entrar al cielo. Desesperadamente claman a Dios: "Pero, Señor, mi religión me prometió que entraría al cielo. Me dijeron que mis buenas obras me ayudarían".

Sin embargo, Jesús los mirará directamente y declarará:

*Nunca os conocí; apartaos de mí, hacedores de maldad (Mateo 7:23).*

Amigo, esté advertido. Según Jesucristo, la gente religiosa será enviada al infierno. No se deje engañar por una religión. Cuando Jesús estaba en la tierra, aborrecía la religión. Los que más se oponían a El eran los religiosos. A los líderes religiosos los llamó "hipócritas" y "guías ciegos". Dijo que estaban "llenos de robo y de injusticia" y "llenos de huesos de muertos y de toda inmundicia". También estaban llenos de "hipocresía e iniquidad", y eran "hijos de aquellos que mataron a los profetas". Jesús también los llamó "serpientes" y "generación de víboras" (Mateo 23:23-33). Después de estas severas acusaciones, Jesús preguntó a los líderes religiosos:

*¿Cómo escaparéis de la condenación del infierno? (Mateo 23:33).*

¿Comprendió? Esos sinceros líderes religiosos estaban camino al infierno. Muchas personas son sinceras, pero se necesita más que sinceridad para entrar al cielo. Usted debe estar sinceramente correcto. Lo trágico es que millones de personas religiosas están sinceramente equivocadas.

Una noche, una enfermera le dio a un joven paciente la medicina equivocada. El paciente murió antes que se descubriera el error. ¿Fue el problema falta de sinceridad? No. El paciente murió porque la enfermera se equivocó, aunque sinceramente quería ayudarlo.

En su carta a los Romanos, el apóstol Pablo dijo lo siguiente a la gente religiosa honesta:

*Hermanos, ciertamente el anhelo de mi corazón, y mi oración a Dios por Israel, es para salvación. Porque yo les doy testimonio de que tienen celo de Dios, pero no conforme a ciencia (Romanos 10:1-2).*

Eran religiosos y muy sinceros, pero estaban perdidos.

Millones de hombres y mujeres irán al infierno porque obedecieron una religión. Si está confiando en una religión para que lo lleve al cielo, ¡cuidado! Jesús dice que eso no resultará.

### ¿Acaso no iré al cielo si soy una buena persona?

Eso parece lógico, ¿no es cierto? Desde la niñez se nos enseña: "Los que hacen el bien, son premiados, mientras que los que hacen el mal, son castigados". Pero, ser bueno *nunca* le llevará al cielo. En primer lugar, según la Biblia, no hay "gente buena":

*Todos se desviaron, a una se hicieron inútiles; **no***

*hay quien haga lo bueno, no hay ni siquiera uno (Romanos 3:12).*

De acuerdo a sus propias normas, quizá usted se considere una persona bastante buena. Pero, según las normas de Dios, está muy lejos de ser bueno. Cuando crucificaron a Jesús, dos criminales también fueron crucificados, uno a cada lado del Señor. Y, antes de morir, Jesús le prometió a uno de ellos: *"De cierto te digo que hoy estarás conmigo en el paraíso" (Lucas 23:43).*

¡Un momento! Este hombre cometió un crimen que merecía la pena de muerte. Sin embargo, Jesús le prometió que iría al cielo. Obviamente no se debió a que era un buen hombre. Pronto sabrá por qué él fue al cielo, y cómo puede lograrlo usted también.

## ¿Iré al cielo si hago lo que mi corazón siente que es correcto?

La peor equivocación que puede cometer es hacer lo que en su corazón parece correcto. Por esta razón, millones de personas no están en el cielo. Escuche la advertencia de Dios: *"El que confía en su propio corazón es necio" (Proverbios 28:26).* He aquí otra advertencia:

*Engañoso es el corazón más que todas las cosas, y perverso; ¿quién lo conocerá? (Jeremías 17:9).*

Cuando tenga que hacer decisiones para la eternidad, ignore lo que siente en su corazón. Este le engañará constantemente. Más bien, crea en la única fuente confiable, la Santa Biblia de Dios.

## ¿No somos todos hijos de Dios?

Este concepto equivocado, y tan difundido, no se encuentra en la Biblia. Todas las personas son creación de Dios, pero sólo algunos son hijos de Dios. Cuando Jesús hablaba con un grupo de judíos, ellos se enfurecieron cuando les dijo:

> *Vosotros sois de **vuestro padre el diablo**, y los deseos de vuestro padre queréis hacer (Juan 8:44).*

El apóstol Pablo le dijo a un adivino:

> *¡Oh, lleno de todo engaño y de toda maldad, **hijo del diablo**...! (Hechos 13:10).*

Todos nacemos como hijos del diablo, y si usted no ha hecho lo que es necesario para ser hijo de Dios, entonces todavía es hijo de Satanás. Pero, usted puede hacer la decisión para nacer de nuevo y ser parte de la familia de Dios.

## Entonces, ¿qué debo hacer para ir al cielo?

Hemos visto muchos métodos que *no* le llevarán al cielo. Ahora veamos el único medio que le permitirá entrar por la puerta de perla. El problema mayor es el pecado, y para comprenderlo, tenemos que comenzar desde el principio.

Dios creó a Adán y Eva como seres perfectos y sin pecado. Pero, un día Satanás, tomando la forma de una serpiente, tentó a Eva para que pecara. Ella lo hizo. Luego también pecó Adán. Esto permitió que una mortal naturaleza pecaminosa se trasmitiera a todos los que nacieron después de ellos.

## ¿Por qué es tan peligroso el pecado?

En primer lugar, el pecado siempre produce sufrimiento, quebranto de corazón y muerte:

> *... y el pecado, siendo consumado, da a luz la muerte (Santiago 1:15).*

Observe las palabras "siendo consumado". Mucha gente

cree erróneamente que no será castigada por su pecado porque todavía no ha sentido las consecuencias. En realidad, el pecado no ha consumado su trabajo en ellos aún. La Palabra de Dios declara: "La paga del pecado es muerte" (Romanos 6:23), y la Palabra de Dios no se equivoca. Al final, ***nadie*** escapará del castigo por el pecado.

El pecado es también peligroso porque nos separa de Dios. Por causa del pecado, Adán y Eva fueros echados de la presencia de Dios; y, por causa del pecado, la mayoría de la gente estará separada eternamente de la presencia de Dios en los cielos:

*Pero vuestras iniquidades han hecho división entre vosotros y vuestro Dios, y vuestros pecados han hecho ocultar de vosotros su rostro para no oír (Isaías 59:2).*

Lo peor es que, por causa del pecado, Jesucristo sufrió y murió en la cruz:

*Cristo murió por nuestros pecados, conforme a las Escrituras (1 Corintios 15:3).*

¿Cuán importante es el tema del pecado? Si el gerente ejecutivo de la General Motors vuela desde New York hasta Tokio para solucionar personalmente un problema, usted sabe que ese es un caso ***muy*** importante. ¿Cuán importante es, pues, un asunto que requiere que Dios Todopoderoso deje la perfección del cielo, que nazca en la tierra como bebé, que crezca y muera en forma cruenta en la cruz? ***¡MUY importante!***

El pecado de Adán y Eva tuvo dos consecuencias. Primero, fueron echados del huerto del Edén. Dios aún los amaba, pero no permitiría que el pecado permaneciera en Su presencia. Segundo, el pecado de ellos pasó a todas las personas que nacieron desde entonces:

*Por tanto, como el pecado entró en el mundo por un*

*hombre [Adán], y por el pecado la muerte, **así la muerte pasó a todos los hombres,** por cuanto todos pecaron (Romanos 5:12).*

Por el pecado de ellos, todos nacemos pecadores:

***Por cuanto todos pecaron,** y están destituidos de la gloria de Dios (Romanos 3:23).*

*Mas la Escritura lo encerró **todo bajo pecado...** (Gálatas 3:22).*

Incluso si usted pecara una sola vez (lo que nadie ha hecho), aún sería pecador:

*Porque cualquiera que guardare toda la ley, pero ofendiere en un punto, se hace culpable de todos (Santiago 2:10).*

Posiblemente usted diga: "Si todos somos pecadores y Dios nunca permitirá pecado en Su presencia, entonces nadie irá al cielo". Esto nos lleva a ver la única forma en que el pecado puede ser perdonado: sangre.

### ¿Por qué es importante la sangre?

A través de la historia, Dios estableció que la sangre siempre desempeñaría un papel importante en el perdón de los pecados:

*Y casi todo es purificado, según la ley, con sangre; **y sin derramamiento de sangre no se hace remisión** (Hebreos 9:22).*

*... y la misma **sangre** hará expiación de la persona (Levítico 17:11).*

Hasta el momento en que Adán y Eva pecaron, estaban desnudos. Después que pecaron, Dios derramó la sangre de un animal inocente para hacer túnicas y cubrir sus cuerpos pecadores:

> *Y Jehová Dios hizo al hombre y a su mujer túnicas de pieles, y los vistió (Génesis 3:21).*

Este es el primer caso en que se registra que Dios derramó sangre para cubrir el pecado de la gente. Tome en cuenta que Adán y Eva pecaron una sola vez, pero un pecado fue suficiente para que fueran pecadores. Por tanto, se tuvo que derramar sangre por su pecado.

## ¿Qué hacía la gente del Antiguo Testamento respecto a sus pecados?

En la época del Antiguo Testamento, los pecados eran cubiertos temporalmente por la sangre derramada de animales inocentes (vea Levítico 4). Pero, la Biblia dice que ese continuo sacrificio de animales no podía quitar los pecados en forma permanente:

> *... porque la sangre de los toros y de los machos cabríos no puede quitar los pecados (Hebreos 10:4).*

## El día de la expiación

Esta es una hermosa ilustración del papel que desempeñaba la sangre para cubrir los pecados. Dios ordenó que el sumo sacerdote entrara al lugar santísimo del tabernáculo una vez al año. Pero, primero el sumo sacerdote tenía que derramar la sangre de un animal inocente para presentar una ofrenda por el pecado.

En el lugar santísimo había una caja llamada arca. Dentro del arca habían dos tablas de piedra en las cuales Dios había escrito los Diez Mandamientos. El arca tenía una tapa de oro llamada "propiciatorio". Cada año, en el día de la expiación, Dios aparecía en una nube sobre el propiciatorio. Pero, antes que se manifestara, el sumo sacerdote rociaba la sangre del sacrificio sobre el propiciatorio. Así, cuando Dios miraba abajo, no veía Su ley dentro del arca, sino la sangre sobre el propiciatorio. Pronto comprenderá el significado.

El asunto no era cuán bueno o cuán malo había sido el pueblo. Todos habían pecado; por tanto, todos necesitaban que sus pecados fueran cubiertos, y había sólo una forma: con la sangre.

## La pascua

¿Recuerda la historia de la pascua? Los hijos de Israel eran esclavos en Egipto, y el faraón se negaba a dejarlos en libertad. Después de varias plagas, Dios iba a matar al primogénito de cada hogar. Para proteger a los niños hebreos, Moisés recibió la orden de que instruyera a la gente para que consiguieran un cordero. Pero, no podía ser cualquier cordero:

*El animal será sin defecto... (Exodo 12:5).*

Luego verá por qué esto era tan importante.

Se les indicó que mataran el cordero y untaran la sangre en los dos postes y en el dintel de su casa (Exodo 12:7). Cuando Dios pasara por la tierra dando muerte a los primogénitos, las casas que tuvieran la sangre en los postes y el dintel, se salvarían:

*Y la sangre os será por señal en las casas donde vosotros estéis; y veré la sangre y pasaré de vosotros, y no habrá en vosotros plaga de mortandad cuando hiera la tierra de Egipto (Exodo 12:13).*

Un cordero inocente murió para que la gente viviera. Como vimos, no se trataba de cuán bueno o malo era el pueblo. Todos habían pecado, así que todos necesitaban la sangre en los postes y dinteles de sus casas.

## ¿Cómo solucionó Jesús el problema del pecado?

En el tiempo oportuno, Dios reveló Su plan para solucionar el problema del pecado de una vez y para siempre. Un día, un predicador, conocido como Juan el Bautista, hizo una de las más importantes declaraciones que ser humano haya hecho jamás. Cuando vio que se acercaba Jesús, dijo:

*He aquí el **Cordero de Dios**, que **quita** el pecado del mundo (Juan 1:29).*

En esta declaración hay dos aspectos sumamente importantes. Primero, Juan se refirió a Jesucristo como el "Cordero de Dios". En lugar de continuar derramando la sangre de corderos en sacrificios, Jesucristo vino a la tierra para derramar Su propia sangre como el cordero por excelencia.

Segundo, Jesús vino para "quitar" el pecado de una vez y para siempre, no para cubrirlo por un corto tiempo:

*Cuanto está lejos el oriente del occidente, [Jesús] hizo alejar de nosotros nuestras rebeliones [pecados] (Salmos 103:12).*

Jesús no murió para cubrir temporalmente nuestros pecados, sino que derramó Su sangre *"para la **remisión de los pecados**" (Mateo 26:28).*

## ¿Por qué es Jesucristo tan especial?

Debemos comprender por lo menos cuatro hechos importantes acerca de Jesucristo. Primero, El siempre fue y será Dios. Jesús mismo dijo: "Yo y el Padre uno somos" (Juan 10:30). El evangelio de Juan comienza con las siguientes palabras: "En el principio era el Verbo [Jesucristo], y el Verbo era con Dios, y **el Verbo era Dios**" (Juan 1:1). Cuando un hombre llamado Felipe le pidió a Jesús que le mostrara al Padre, El respondió: "El que me ha visto a mí, ha visto al Padre" (Juan 14:9). Refiriéndose a Jesús, Pablo le escribió a Timoteo: "Dios fue manifestado en carne" (1 Timoteo 3:16). La Biblia declara: "Porque tres son los que dan testimonio en el cielo: el Padre, el Verbo [Jesucristo] y el Espíritu Santo; y estos tres son uno" (1 Juan 5:7).

Segundo, al igual que Dios, Jesucristo no tenía pecado:

**Al que no conoció pecado** *[Jesús], por nosotros lo hizo pecado (2 Corintios 5:21).*

Puesto que Jesús nació de una virgen, el Padre de Él era Dios, no José. La sangre pura de Dios, sin pecado, fluía por las venas del Señor. Por esa razón, Él era el único sacrificio que podía quitar permanentemente nuestros pecados. ¿Recuerda que la ley del Antiguo Testamento pedía corderos sin mancha ni defecto para el sacrificio? Ellos eran la figura del perfecto sacrificio (Jesús) que vendría para quitar los pecados de todo el mundo.

Tercero, Jesús es importante para usted y para mí porque murió voluntariamente para pagar el precio por nuestros pecados. Jesús dijo:

*Yo pongo mi vida, para volverla a tomar. Nadie me la quita, sino que yo de mí mismo la pongo (Juan 10:17).*

Jesús no fue a la cruz contra Su voluntad. Y, no carecía de poder para escapar de ella. Él dijo:

*¿Acaso piensas que no puedo ahora orar a mi Padre, y que él no me daría más de doce legiones de ángeles? (Mateo 26:53).*

Finalmente, Jesús es especial porque resucitó de entre los muertos:

*Fue declarado Hijo de Dios con poder, según el Espíritu de santidad,* **por la resurrección de entre los muertos** *(Romanos 1:4).*

Ningún otro líder religioso en la historia ha resucitado de entre los muertos. Mahoma, Buda, José Smith y todos los demás todavía están en sus tumbas.

## El plan supremo de Dios

Es obvio que los sacrificios de animales no podían continuar para siempre. Por tanto, para solucionar definitivamente el problema del pecado, Dios el Padre envió a Dios el Hijo (Jesucristo) para que naciera en la tierra.

Después de vivir 33 años y libre de pecado en este planeta, Jesucristo fue crucificado. El nunca había pecado, así que no tenía que morir. Por tanto, cuando derramó Su sangre en la cruz, no fue por Sus pecados, sino por los pecados de la humanidad. Jesucristo fue el sacrificio final por los pecados, y fue para siempre:

*Cristo fue ofrecido una sola vez para llevar los pecados de muchos (Hebreos 9:28).*

*Mas Dios muestra su amor para con nosotros, en que siendo aún pecadores, **Cristo murió por nosotros** (Romanos 5:8).*

La siguiente historia de la vida real ilustra en forma hermosa lo que hizo Cristo al morir por nosotros:

"Durante la Guerra Civil de Estados Unidos, un hombre llamado George Wyatt fue escogido al azar para ir al campo de batalla. El tenía esposa y seis hijos. Un joven llamado Richard Pratt se ofreció para ir en su lugar. Fue aceptado y se unió a las filas del ejército con el nombre de George Wyatt. Poco después Pratt murió en combate. Las autoridades más tarde vieron la necesidad de reclutar otra vez a George Wyatt. Este protestó, arguyendo que él había muerto en la persona de Pratt. Insistió en que las autoridades estudiaran sus archivos para comprobar que él había muerto identificado con Pratt, su sustituto".[1]

Como pecadores, merecemos sufrir y morir en el infierno. Pero, puesto que Jesucristo, nuestro sustituto, murió en nuestro lugar, podemos quedar libres del castigo por nuestros pecados y recibir el regalo de Dios: la vida eterna.

La Biblia nos dice que Jesús gustó la muerte **por nosotros:**

*... para que [Jesús] por la gracia de Dios **gustase la muerte por todos** (Hebreos 2:9).*

Lo que los corderos del Antiguo Testamento nunca pudieron hacer, Jesús lo hizo por medio de Su muerte:

*No por sangre de machos cabríos ni de becerros, sino por su propia sangre, entró una vez para siempre en el Lugar Santísimo, habiendo obtenido eterna redención (Hebreos 9:12).*

El sumo sacerdote ofrecía animales como sacrificio temporal por los pecados, pero Jesucristo (Dios encarnado) se ofreció a Sí mismo como sacrificio vivo para comprar nuestra redención, pagando el precio total por todos los pecados cometidos:

*Pero Cristo, habiendo ofrecido **una vez para siempre un solo sacrificio** por los pecados, se ha sentado a la diestra de Dios (Hebreos 10:12).*

*... pero ahora, en la consumación de los siglos, [Jesús] se presentó una vez para siempre **por el sacrificio de sí mismo** para quitar de en medio el pecado (Hebreos 9:26).*

---

[1] L. E. Maxwell, *Born Crucified,* Moody Press, 1945, pg. 13.

El trabajo del sumo sacerdote era una figura de la obra que Cristo realizaría en la cruz:

*Que no tiene necesidad cada día, como aquellos sumos sacerdotes, de ofrecer primero sacrificios por sus propios pecados, y luego por los del pueblo; porque esto lo hizo [Jesús] una vez para siempre, ofreciéndose a sí mismo (Hebreos 7:27).*

¿Recuerda cómo el sumo sacerdote, en el día de la expiación, cubría el propiciatorio con sangre para que Dios viera la sangre en lugar de la ley? Esto era otra figura de lo que Cristo haría por nosotros. Hoy, cuando Dios ve a los que han creído en Su Hijo, Jesucristo, no ve los pecados de ellos, sino la sangre de Su Hijo.

No se trata de cuán bueno o cuán malo haya sido usted. La pregunta es: "¿Han sido pagados sus pecados por la sangre de Jesucristo?"

La pascua fue otra figura previa de la obra que Cristo haría en la cruz:

*Porque nuestra pascua, que es Cristo, ya fue sacrificada por nosotros (1 Corintios 5:7).*

Sólo Jesús, el cordero de Dios que no tenía pecado, podía redimirnos de nuestros pecados:

*Pues mucho más, estando ya **justificados en su sangre, por él** seremos salvos de la ira (Romanos 5:9).*

Pablo recalcó este punto en su carta a los colosenses:

*En quien tenemos redención **por su sangre,** el perdón de pecados (Colosenses 1:14).*

Como el cordero del sacrificio en el Antiguo Testamento, sin mancha o defecto (Levítico 9:2), así fue Jesús:

*... fuisteis rescatados de vuestra vana manera de vivir...*

*no con cosas corruptibles, como oro o plata, sino con la sangre preciosa de Cristo, como de un cordero **sin mancha** y sin contaminación (1 Pedro 1:18-19).*

El apóstol Pablo describe la muerte de Cristo de la siguiente manera:

*Cristo nos redimió de la maldición de la ley, hecho por nosotros maldición... (Gálatas 3:13).*

Nunca más se tendría que derramar sangre por pecados. Nunca más se tendrían que hacer buenas obras para obtener el perdón. La obra ya fue hecha. Por eso, mientras estaba en la cruz, Jesús exclamó: ***"Consumado es"*** (Juan 19:30).

El plan de salvación se realizó. ¡Parece increíble! Dios encarnado llevó sobre Sí los pecados del mundo. ¿Se da cuenta por qué ser "bueno" no puede salvarlo? Siendo pecadores, todos necesitamos un Salvador, y Jesucristo es el único Salvador:

*Mirad a mí, y sed salvos, todos los términos de la tierra, porque yo soy Dios, **y no hay más** (Isaías 45:22).*

Jesús vino a la tierra por una sola razón: para morir por nosotros:

*Porque el Hijo del Hombre vino a buscar y a salvar lo que se había perdido (Lucas 19:10).*

## ¿Acaso todos necesitan a Jesús?

Sí. Jesús es la única esperanza y el único camino al cielo:

*Porque así como en Adán todos mueren, también en Cristo todos serán vivificados (1 Corintios 15:22).*

Cuando realmente comprenda lo que Cristo hizo por usted, estará preparado para recibir el regalo de amor de Dios. Imagine que usted está en un barco que se hunde en las heladas aguas del océano infestado de tiburones. A medida que pasan las horas, pierde toda esperanza. De pronto, a la distancia, ve que se acerca un barco. Cuando está cerca de usted, un marinero le tira una soga. ¿Tendría que rogarle él para que usted se asiera de la soga? Por supuesto que no, porque sin ella, sin duda usted moriría.

Amigo, sin Jesús como su Salvador, usted está perdido y a la deriva en un mar de pecado. Nadie puede ayudarlo, sino Jesús. El es el único que puede lanzarle la soga de la vida eterna. ¿Se asirá de ella para ser llevado a un lugar seguro, o la rechazará y se ahogará en su pecado?

Un video mostraba dos autos de carrera que chocaron el uno contra el otro. El primero se estrelló contra un muro y se incendió. Los equipos de rescate corrieron para ayudar al conductor, pero no podían extinguir el fuego. Al conductor le era imposible salir del auto debido a los cinturones de seguridad y el equipo de protección que tenía alrededor de él. Las llamas impedían que el equipo de rescate se acercara al auto. El conductor estaba atrapado en medio de las llamas, sin posibilidad de salir. Entonces, una persona valiente se lanzó de cabeza a las llamas, desabrochó rápidamente los cinturones de seguridad y liberó al aterrado conductor.

Esta historia también representa la condición en que se encuentra usted. Está atrapado en sus pecados y las llamas ardientes del infierno le esperan. Sin Jesús, no hay escapatoria. Pero, gracias a Dios, Jesús quiere rescatarle y puede hacerlo... si usted se lo permite.

Finalmente, imagine que padece de una extraña enfermedad mortal. Ha agotado todos los recursos posibles para encontrar una cura, pero se está muriendo. Entonces escucha de un médico que tiene un nuevo tratamiento revolucionario. Todos sus pacientes han sanado completamente. Usted tiene que decidir: recibir el tratamiento del médico y vivir, o rechazar su ayuda y vivir. La elección es sencilla.

Sin Cristo, le espera con seguridad la condenación eterna en el lago de fuego. Quizá haya probado varias religiones, pero nunca ha recibido la sanidad espiritual. Eso es porque la religión mata, y sólo Jesús, el Médico divino, puede sanarlo espiritualmente. Y, El nunca le ha fallado a ninguno de Sus pacientes.

Comprenda que este libro no fue escrito para rogarle que usted se haga cristiano. El propósito es mostrarle la condición en que se encuentra: perdido en sus pecados. Lea la advertencia de Dios:

*Y el que no se halló inscrito en el libro de la vida fue lanzado al lago de fuego (Apocalipsis 20:15).*

Una vez que comprenda plenamente su condición, clamará a Jesús para que le salve. No querrá arriesgarse a vivir otro segundo sin El.

## Estoy listo. ¿Qué es lo que tengo que hacer?

Primero, debe reconocer y confesar que usted es un pecador que necesita al Salvador. Luego, debe estar dispuesto a arrepentirse de sus pecados:

*... si no os arrepentís, todos pereceréis igualmente (Lucas 13:5).*

El *Diccionario de la Lengua Española* (RAE) dice que arrepentimiento significa "pesar de haber hecho alguna cosa". Y el *Diccionario Ilustrado de la Biblia* (Caribe) lo define como "un cambio de parecer, o un repudio del pecado para regresar a Dios".

Arrepentirse no es hacer buenas obras. Más bien, es el pesar del corazón por los pecados pasados y el deseo de que Dios transforme nuestra vida.

*Cuando nuestra vida llega a su fin*

Luego, debe comprender que la salvación no la recibirá por hacer buenas obras, sino al creer en Jesucristo y poner su confianza total en la obra que El consumó en la cruz. Mientras conversaba con un hombre religioso llamado Nicodemo, el Señor Jesucristo dijo: "Para que todo aquel *que en él cree* [Jesús], no se pierda, mas tenga vida eterna" (Juan 3:15). En el siguiente versículo, Jesús dijo:

*Porque de tal manera amó Dios al mundo, que ha dado a su Hijo unigénito, para que todo aquel **que en él cree**, no se pierda, mas tenga vida eterna (Juan 3:16).*

Para recalcar esta verdad, el Señor la repite casi de inmediato:

*El que **en él cree** [Jesús], no es condenado; pero el que no cree, ya ha sido condenado, porque no ha creído en el nombre del unigénito Hijo de Dios (Juan 3:18).*

Juan el Bautista también declaró:

*El que **cree en el Hijo** tiene vida eterna; pero el que rehúsa creer en el Hijo no verá la vida, sino que la ira de Dios está sobre él (Juan 3:36).*

A unos judíos incrédulos, Jesús les enseñó lo siguiente:

*El que oye mi palabra, y **cree al que me envió**, tiene vida eterna; y no vendrá a condenación, mas ha pasado de muerte a vida (Juan 5:24).*

Cuando Jesús estaba en Capernaúm, algunas personas le preguntaron qué debían hacer para ganar la vida eterna. El respondió:

*Esta es la obra de Dios, que **creáis en el que él** ha enviado (Juan 6:29).*

Cuando un grupo de judíos incrédulos cuestionaron esta respuesta de Jesús, sencillamente El dijo:

*El que **cree en mí**, tiene vida eterna (Juan 6:47).*

Jesús consoló a una mujer llamada Marta con las siguientes palabras:

*Yo soy la resurrección y la vida; **el que cree en mí**, aunque esté muerto, vivirá (Juan 11:25).*

Mientras predicaba a los gentiles en Cesarea, el apóstol Pedro dijo de Jesús:

*De éste dan testimonio todos los profetas, que todos los que **en él creyeren**, recibirán perdón de pecados por su nombre (Hechos 10:43).*

En Hechos 16, un atemorizado carcelero les preguntó a Pablo y a Silas: "¿Qué debo hacer para ser salvo?" Ellos respondieron:

***Cree** en el Señor Jesucristo, y serás salvo, tú y tu casa (Hechos 16:30-31).*

El apóstol Pablo escribió a los creyentes en Roma:

*Porque no me avergüenzo del evangelio, porque es poder de Dios para salvación a todo aquel que **cree** (Romanos 1:16).*

Mientras enseñaba en Capernaúm, Jesús dijo:

*Yo soy el pan de vida; el que a mí viene, nunca tendrá hambre; y el que **en mí cree**, no tendrá sed jamás (Juan 6:35).*

Jesús advirtió a los fariseos:

*... si **no creéis** que yo soy, en vuestros pecados moriréis (Juan 8:24).*

### ¿Sólo tengo que creer en Jesús para ir al cielo?

No, para entrar al cielo se requiere algo más que decir: "yo creo". Primero, debe comprender lo que significa la palabra "creer". Según el *Diccionario Ilustrado de la Biblia*, creer o tener fe se refiere a la "confianza que una persona deposita en otra",[1] como confiarle a Cristo nuestro bienestar espiritual.

Es importante entender esto porque Satanás y sus demonios creen que Jesucristo murió por los pecados de la humanidad. Creen que El resucitó de los muertos. Creen que la salvación es por medio de la fe en Jesucristo. Pero, ellos no son salvos porque se niegan a poner su confianza en El. Para ser salvo, usted debe ir más allá de la simple creencia intelectual (con el cerebro) en Cristo, debe confiar en El con el corazón.

Un osado equilibrista estaba a punto de caminar por un cable que cruzaba el Gran Cañón de Colorado, E.U.A. Un pequeño error significaría su muerte sobre las rocas al fondo del cañón. Mientras un público numeroso presenciaba el espectáculo, el anunciador preguntó cuántos creían que este valiente equilibrista lograría su objetivo. Todos gritaron con confianza diciendo que sí lo haría.

Luego, amarraron una silla en la espalda del equilibrista. Y el que anunciaba preguntó: "¿Quién cree que él puede caminar sobre el cable llevando a alguien en la espalda?" Otra vez, la multitud dio gritos de aprobación. Después de un momento, el anunciador preguntó: "¿Quién desea sentarse en la silla?" Hubo un silencio sepulcral.

¿Ve la diferencia? Una cosa es decir: "Yo creo que él puede hacerlo", pero otra es poner toda la confianza en él.

Lo mismo sucede con la salvación. Para ser verdaderamente salvo, no basta con creer en algunos datos. Debe estar dispuesto a poner su confianza sólo en Jesucristo. ¿Cómo? Por la fe:

[1] Wilton M. Nelson, *Diccionario Ilustrado de la Biblia* (Miami: Editorial Caribe), p. 227.

*Pues todos sois hijos de Dios **por la fe en Cristo Jesús** (Gálatas 3:26).*

***Justificados**, pues, **por la fe**, tenemos paz para con Dios por medio de nuestro Señor Jesucristo (Romanos 5:1).*

La salvación se recibe por la fe, no por buenas obras:

*Concluimos, pues, que el hombre es **justificado por fe** sin las obras de la ley (Romanos 3:28).*

*De manera que la ley ha sido nuestro ayo, para llevarnos a Cristo, a fin de que fuésemos **justificados por la fe** (Gálatas 3:24).*

Una vez que comprenda que la salvación se obtiene por fe y no por obras, será más fácil entender que es un regalo de Dios:

*Porque por gracia sois salvos por medio de la fe; y esto no de vosotros, pues es **don de Dios;** no por obras, para que nadie se gloríe (Efesios 2:8-9).*

*... la **dádiva de Dios** es vida eterna en Cristo Jesús Señor nuestro (Romanos 6:23).*

Dios nos concede gratuitamente la vida eterna. No la ganamos:

*Siendo justificados **gratuitamente** por su gracia, mediante la redención que es en Cristo Jesús (Romanos 3:24).*

*Y este es el testimonio: que Dios **nos ha dado vida eterna;** y esta vida está en su Hijo (1 Juan 5:11).*

*Así que, como por la transgresión de uno [Adán] vino la condenación a todos los hombres, de la misma manera por la justicia de uno [Jesús] vino a todos los hombres la justificación de vida (Romanos 5:18).*

*Cuando nuestra vida llega a su fin* 43

## ¿No tengo que hacer buenas obras para ser salvo?

No. Aunque parecería lógico que se necesiten buenas obras para obtener la salvación, la Palabra de Dios nos advierte que no nos engañemos con lo que a nosotros nos parece correcto:

*Hay camino que parece derecho al hombre, pero su fin es camino de muerte (Proverbios 16:25).*

La verdad es que las buenas obras nunca le salvarán:

*Nos salvó, no por obras de justicia que nosotros hubiéramos hecho, sino por su misericordia (Tito 3:5).*

*Sabiendo que el hombre no es justificado por las obras de la ley, sino por la fe de Jesucristo... por cuanto por las obras de la ley nadie será justificado (Gálatas 2:16).*

*Ya que por las obras de la ley ningún ser humano será justificado delante de él (Romanos 3:20).*

Esta importante doctrina se repite muchas veces en la Biblia:

*Porque por gracia sois salvos por medio de la fe; y esto no de vosotros, pues es don de Dios; **no por obras,** para que nadie se gloríe (Efesios 2:8-9).*

Si las buenas obras pudieran salvarnos, entonces Cristo hubiera muerto en vano:

*No desecho la gracia de Dios; pues si por la ley fuese la justicia, entonces por demás murió Cristo (Gálatas 2:21).*

Si pretende ganar el cielo por medio de sus buenas obras, realmente está diciendo: "Jesús, no creo que tu muerte haya sido suficiente para pagar por todos mis pecados; así que te ayudaré a pagar el precio con algunas de mis buenas obras". *¡Qué arrogancia!*

El único camino para ir al cielo es la fe en Cristo:

*El que tiene al Hijo, tiene la vida; el que no tiene al Hijo de Dios no tiene la vida (1 Juan 5:12).*

Hace muchos años se llevaba a cabo un remate de esclavos cerca de la orilla del río Misisipi. Todos sabían que un hacendado cruel y rico compraría al esclavo más grande y fuerte, y lo forzaría a trabajar sin descanso por el resto de su vida.

Sin embargo, un rico comerciante, que navegaba por el río en ese momento, notó la actividad desde su barco y se acercó a la orilla para observar. Cuando pusieron al frente al esclavo mencionado, un hombre que estaba en la última fila le explicó al comerciante lo que iba a suceder.

Cuando comenzó el remate, el hacendado ofreció una suma de dinero que, él pensó, nadie podría superar. Pero, de inmediato el comerciante ofreció una suma mayor. Los dos continuaron haciendo ofertas, hasta que el hacendado llegó a su límite y se fue derrotado. El comerciante se acercó al esclavo, le dio las llaves de las cadenas y le dijo: "Ahora es un hombre libre. No creo en la esclavitud; sencillamente no quería que él fuera su dueño".

Amigo, eso es lo que Jesús hizo por usted y por mí. Pero, en lugar de comprarnos con dinero, Él pagó con Su sangre:

*¿O ignoráis que vuestro cuerpo es templo del Espíritu Santo... y que no sois vuestros?* ***Porque habéis sido comprados por precio...*** *(1 Corintios 6:19-20).*

En el libro de Hechos, Pablo dice que Cristo nos compró con **"*su propia sangre*"** (Hechos 20:28).

Todos nacimos como esclavos al pecado. En consecuencia, merecemos el infierno, pero Jesucristo murió para pagar el precio por nuestros pecados. Por Su muerte y resurrección, podemos ser libres.

El esclavo sólo tuvo que recibir las llaves para ser libre físicamente. Si nosotros, por fe, recibimos el regalo de la vida eterna que nos da Dios por medio de Jesucristo, podemos ser libres espiritualmente:

*Y conoceréis la verdad, y la verdad os hará libres (Juan 8:32).*

## ¿Debo poner mi fe sólo en Cristo?

Sí. Un pastor viajó a un país lejano donde la gente adora a millones de dioses. Después de predicar a una multitud, preguntó quiénes querían confiar en Jesucristo como su Salvador. Todos levantaron la mano. Dándose cuenta de que no habían entendido, explicó nuevamente su mensaje y repitió la pregunta. Todos levantaron la mano otra vez. Finalmente preguntó: "¿Quiénes desean confiar en Jesucristo como su Salvador y **rechazar** a todos los otros dioses?" Nadie levantó la mano.

Es muy fácil añadir a Jesús a una lista de personas y cosas de las que uno depende para obtener salvación. Pero, para realmente nacer de nuevo, uno tiene que poner su fe sólo en Jesucristo y rechazar todo lo demás.

Muchas personas confían en Cristo *y* en las buenas obras que hacen... o en Jesús *y* en la religión que siguen... o en Jesús *y* en el bautismo, etc. Pero si usted confía en algo además de Jesús, entonces en realidad no confía en Jesús.

## Esto es lo que me sucedió

Cuando estaba en el ejército, un amigo me invitó a su iglesia. Inmediatamente le respondí: "¡No gracias! Ya he tenido suficiente religión para el resto de mi vida".

El sabía que yo había crecido en un hogar católico y sabiamente dijo: "No dejes a Dios sólo porque dejaste la iglesia católica".

Unos amigos míos ya habían visitado esa iglesia y sus informes eran positivos. Por tanto, a pesar mío, acepté ir con ellos.

Ese domingo por la mañana habían por lo menos mil personas en la iglesia. Después que la congregación cantó algunos himnos, el pastor predicó su sermón. Explicó que Jesucristo había venido a la tierra y había muerto en la cruz para pagar por nuestros pecados. Dijo que por el sacrificio de Cristo, el regalo de la vida eterna estaba a disposición de todos los presentes.

Casi al final del servicio, el pastor pidió que los que deseaban confiar en Cristo, pasaran adelante. En ese momento sentí que el corazón me palpitaba fuertemente. No podía explicar el porqué. Sólo sabía que era algo extraño... pero muy real.

Mientras el pastor continuaba haciendo la invitación, los latidos eran cada vez más fuertes. No podía quitarme la idea de que debía pasar al frente. Pero, pensé: "¡De ninguna manera! No delante de toda esta gente".

Después terminaron de cantar y, esos latidos en mi pecho desaparecieron tan repentinamente como habían comenzado. ¡Estaba sorprendido!

El pastor se acercó al micrófono y comenzó a hablar. Aunque yo estaba sentado cerca de la última fila, estaba convencido de que él me estaba señalando con el dedo. Y, las palabras que dijo, quedaron grabadas permanentemente en mi memoria: "Esta mañana muchas personas han venido al frente y recibieron a Cristo, pero siento que todavía hay alguien que le está diciendo 'no' a Jesucristo".

Yo estaba seguro de que me hablaba a mí. Era como si no hubiera habido nadie más en la iglesia. Yo ya estaba sudando, pero lo que dijo después me dejó pasmado:

"Quienquiera que sea, pido a Dios que usted no muera antes de tener otra oportunidad de creer en Jesucristo. Si muere, arderá para siempre en el lago de fuego".

¡Me sentía realmente asustado! Sus palabras ardían dentro de mí, y me di cuenta de que no era sólo un hombre el que me hablaba, sino Dios. Sabía que realmente iba camino al infierno. Salí de la iglesia sudando frío y con esas palabras resonando en mis oídos.

Tres días después, asistí a otro culto similar en esa iglesia. Predicó el pastor, y tal como sucedió anteriormente, comenzaron esos latidos en mi pecho. Pero, esta vez, cuando comenzó la invitación, fui hacia adelante.

Me recibió un joven que tenía una Biblia; él me explicó el plan de salvación de Dios, y me preguntó si quería confiar en Cristo. Lo hice, y en ese momento nací en la familia de Dios (Gálatas 3:26). Mi nombre fue escrito en el libro de la vida del Cordero (Apocalipsis 21:27). Había llegado a ser hijo de Dios (Juan 1:12).

## ¿Qué le dirá usted a Dios?

Algún día usted y yo estaremos delante de Dios. Cuando nos pregunte por qué debería permitirnos entrar al cielo, habrá sólo dos posibles respuestas. Una estará relacionada con las buenas obras: "Debes dejarme entrar porque fui una persona bastante buena. No pequé mucho. Era religioso y me esforcé al máximo". Como ya sabe muy bien, este acercamiento no resultará.

La única respuesta válida será: "Debes dejarme entrar en el cielo porque confié en Jesucristo como mi Salvador, y Su sangre preciosa limpió todos mis pecados:

*En la esperanza de la vida eterna, la cual Dios, que*

*no miente, prometió desde antes del principio de los siglos (Tito 1:2).*

## ¿Qué quiere decir nacer de nuevo?

Una noche, Jesús le dijo a un líder religioso llamado Nicodemo:

*De cierto, de cierto te digo, que el que no naciere de nuevo, no puede ver el reino de Dios. Nicodemo le dijo: ¿Cómo puede un hombre nacer siendo viejo? ¿Puede acaso entrar por segunda vez en el vientre de su madre, y nacer? Respondió Jesús: De cierto, de cierto te digo, que el que no naciere de agua y del Espíritu, no puede entrar en el reino de Dios. Lo que es nacido de la carne, carne es; y lo que es nacido del Espíritu, espíritu es. No te maravilles de que te dije: Os es necesario nacer de nuevo (Juan 3:1-7).*

En este pasaje fascinante Jesucristo nos dice que, para entrar al cielo, tenemos que "nacer de nuevo". Al no comprender esto, Nicodemo le preguntó si acaso debía volver al vientre de su madre, y nacer por segunda vez.

Jesús le explicó que al salir del vientre de nuestra madre, nacimos físicamente. El lo llama nacer "de agua" o "de la carne". Pero, para entrar al cielo, Jesús dice que debemos nacer por segunda vez... espiritualmente.

Esto sucede en un instante, cuando usted pone su confianza sólo en Cristo para recibir salvación y nace en la familia de Dios:

*Mas a todos los que le recibieron [Jesús], a los que creen en su nombre, les dio potestad de ser hechos hijos de Dios (Juan 1:12).*

Tome en cuenta que Jesús nunca dijo: "El que no hiciere

buenas obras, no puede ver el reino de Dios". Tampoco dijo: "El que no cumpliere los Diez Mandamientos, no puede ver el reino de Dios". Jesús dijo que debemos "nacer de nuevo".

La Biblia también se refiere a esto como ser "salvo". Un carcelero les preguntó a Pablo y a Silas:

*Señores, ¿qué debo hacer para ser salvo? Ellos dijeron: Cree en el Señor Jesucristo, y serás salvo, tú y tu casa (Hechos 16:30-31).*

Hechos 2:21 nos da la misma enseñanza:

*Y todo aquel que invocare el nombre del Señor, será salvo.*

Como vimos antes, las buenas obras no le ayudarán a entrar al cielo; sólo lo hará si es salvo. Por tanto, hay una lucha espiritual. Dios quiere que usted sea salvo, pero el diablo no quiere.

## Entonces, ¿debo elegir entre Dios o Satanás?

¡No! La Biblia dice:

*Por la transgresión de uno [Adán] vino la **condenación** a todos los hombres (Romanos 5:18).*

Debido al pecado de Adán, usted y yo nacimos como pecadores condenados. Por tanto, no tiene que elegir al diablo. El ya es su dueño. Usted es su hijo y va camino al infierno. Y, si no hace nada, seguirá siendo su hijo:

*El que en él [Jesús] cree, no es condenado; pero el que no cree, **ya ha sido condenado,** porque no ha creído en el nombre del unigénito Hijo de Dios (Juan 3:18).*

Si usted dice: "Voy a esperar y otro día decidiré", lo que realmente está diciendo es: "Seguiré siendo hijo de Satanás, perdido y en camino al infierno, y espero vivir por lo menos un día más".

## Usted puede ser cristiano ahora mismo

Espero que Dios le haya convencido de que necesita a Jesucristo como su Salvador personal. Si es así, puede nacer de nuevo ahora mismo, simplemente pidiendo a Dios que le salve:

*Porque todo aquel que invocare el nombre del Señor, será salvo (Romanos 10:13).*

Ore a Dios en sus propias palabras. Háblele como si conversara con un buen amigo. A Dios no le impresionan las oraciones ceremoniosas y formales. El desea que usted le hable con sinceridad. La clave es creer en el corazón lo que le dice con la boca:

*Que si confesares con tu boca que Jesús es el Señor, y creyeres en tu corazón que Dios le levantó de los muertos, serás salvo. Porque con el corazón se cree para justicia, pero con la boca se confiesa para salvación (Romanos 10:9-10).*

Por favor, no lo posponga. Jesús le está esperando:

*He aquí, yo estoy a la puerta y llamo; si alguno oye mi voz y abre la puerta, entraré a él, y cenaré con él, y él conmigo (Apocalipsis 3:20).*

Si desea ser un hijo o hija de Dios, diga de todo corazón una oración similar a la siguiente:

"Señor Jesús, reconozco que soy pecador y me arrepiento de todos mis pecados. Sé que mis buenas obras nunca podrán llevarme al cielo. Ahora comprendo que el único camino al cielo es por medio de la fe en Jesucristo. Gracias por morir en la cruz por mí. Perdona mis pecados, ven a mi corazón y sálvame. Ahora mismo confío sólo en Ti para ser salvo. En el nombre de Jesús, amén".

Si elevó a Dios una oración como la anterior, de todo corazón, acaba de hacer la decisión más importante de su vida. Usted ha llegado a ser una nueva persona:

*De modo que si alguno está en Cristo, **nueva criatura** es; las cosas viejas pasaron; he aquí todas son hechas nuevas (2 Corintios 5:17).*

Ahora usted es hijo de Dios. Ha recibido el regalo de Dios de la vida eterna, y su nombre ha sido escrito en el cielo, en el libro de la vida del Cordero. Los ángeles en el cielo se regocijan por su salvación:

*... hay gozo delante de los ángeles de Dios por un pecador que se arrepiente (Lucas 5:10).*

Usted tiene ahora una herencia reservada en los cielos (1 Pedro 1:4) y es coheredero con Jesucristo (Romanos 8:17). Una morada está siendo preparada para usted en los cielos (Juan 14:2). Ahora Jesucristo vive en su corazón (Efesios 3:17) y el Espíritu Santo le guiará en su vida (Juan 16:13). A medida que continúe creciendo como cristiano, aprenderá mucho más del milagro que ha experimentado.

Si usted acaba de poner su confianza en Cristo, vaya a la página 61 y continúe leyendo. Encontrará allí algunos pasos básicos que le ayudarán al empezar su nueva vida cristiana.

Si rechazó a Cristo, sin duda tuvo una razón para hacerlo. A continuación encontrará algunas de las razones más comunes por las que la gente no recibe la salvación. Continúe leyendo para ver si aparece alguna de sus razones.

## ¿Puedo esperar hasta ser mayor para confiar en Cristo?

Por supuesto que sí, pero estará pasando por alto una verdad vital. No hay ninguna garantía de que llegará a ser mayor. Es posible aun que usted no esté aquí mañana. Lo único que tiene es hoy. Cada día muere gente instantáneamente en accidentes automovilísticos, algún avión se estrella, hay tiroteos, alguien se ahoga, etc. ¿Cuántas de esas personas despertaron en ese día fatal pensando: "De seguro hoy me matará un conductor ebrio"? Nadie tiene la garantía de que vivirá mañana. Por eso la Biblia dice:

> *En tiempo aceptable te he oído, y en día de salvación te he socorrido (2 Corintios 6:2).*

Además, ¿por qué desearía esperar? ¿Por qué continuar sirviendo a un cruel tirano como Satanás, cuando puede ser hijo del Rey de reyes que desea bendecirle?

### ¿Y qué de los cristianos hipócritas?

Sí, hay hipócritas, pero no deje que lo alejen de Cristo. Algún día todos tendremos que comparecer delante de Dios:

> *De la manera que está establecido para los hombres que mueran una sola vez, y después de esto el juicio (Hebreos 9:27).*

Cuando usted muera, dará cuenta por su vida a Dios, así como lo harán los hipócritas por la de ellos. Imagine esto. Usted acaba de morir y es llevado a la presencia de Dios para ser juzgado. Mientras tiembla delante de Su trono, la estremecedora voz de Dios se deja escuchar: "¿Confiaste en mi Hijo como tu Salvador?"

¿Realmente querrá usted decirle: "No, Dios. Rechacé a Tu Hijo y el regalo de la vida eterna porque frente a mi casa vivía un cristiano hipócrita"?

No. Ese día usted sabrá que debería haber creído en Cristo. Pero será demasiado tarde.

### ¿No me perderé toda la diversión si me hago cristiano?

Eso depende de cómo define la palabra "diversión". Si lo que quiere decir es: "¿Tendré que abandonar mis pecados?",

*Cuando nuestra vida llega a su fin* 53

entonces necesita comprender la verdad acerca del pecado. Aunque el pecado generalmente provee placer pasajero, al final, el precio que se paga por él es siempre muy alto.

David tenía una esposa cariñosa, tres hijos pequeños y un buen trabajo. Pero, él deseaba "divertirse". Eso es lo que hizo por más de un año con una secretaria de la oficina. Una noche, después de una consulta con su médico, él se vio obligado a ir a la casa y confesarle su infidelidad a la esposa. Ella comenzó a gritar llena de ira, pero él la interrumpió para decirle: "El problema es aún peor".

"Me acaban de decir que tengo SIDA. Probablemente moriré... y tú también. Quizá nuestros tres hijos queden huérfanos".

David estaba viendo el precio de su "diversión". También supo por qué la Biblia dice:

*... el camino de los transgresores es duro (Proverbios 13:15).*

Por varios años un alto ejecutivo se "divirtió" mucho en los bares. El alcohol había sido su mayor entretención. Pero, cuando murió al estrellarse contra un camión en la carretera después de haber tomado demasiados tragos, comprendió que el precio por su "diversión" era mucho más alto de lo que deseaba pagar. Pero, entonces era demasiado tarde.

La "diversión" de Jason eran las drogas, hasta que una mala mezcla de LSD destruyó su cerebro. Ahora no tiene consciencia de la realidad y sólo está vegetando. Si estuviese consciente, sabría que su "diversión" le costó mucho más de lo que imaginó jamás.

En estos momentos tal vez se esté divirtiendo con su pecado, pero recuerde, llegará el día cuando tendrá que pagar. Y no le gustará el precio.

Entonces, ¿se perderá toda la diversión si es cristiano? No, esa es una mentira del diablo. La verdad es que mientras no sea cristiano, no sabrá lo que es la verdadera diversión.

## ¿No es el cristianismo sólo para los débiles?

Muchos escépticos afirman que el cristianismo es una muleta para las personas que tienen una mente demasiado débil como para pensar por sí solas. En realidad, es todo lo opuesto. Aquellos que hacen el esfuerzo intelectual para buscar la verdad, por lo general llegan a ser cristianos. Los que usan el pretexto de que "el cristianismo es sólo para los débiles" son en realidad los débiles. Son demasiado débiles o perezosos para pensar por sí mismos. Cuando está en juego la eternidad en el cielo o en el infierno, no permita que alguien más piense por usted.

## No tengo tiempo para Dios porque quiero ganar dinero

Supongamos que usted acaba de morir. Los ángeles lo acompañan hasta el trono de Dios. Usted se postra ante El en reverencia, y Dios le pregunta: "¿Confiaste en mi Hijo como tu Señor y Salvador?"

Imagínese cómo se sentiría al responderle: "No, Dios, pero tuve éxito en la empresa que dirigí y, en un período de diez años, tripliqué mi salario anual".

Su éxito financiero no será importante cuando esté delante de Dios. Ese día deseará haber memorizado:

*Porque ¿qué aprovechará al hombre si ganare todo el mundo, y perdiere su alma? (Marcos 8:36).*

Lucas 12 registra la historia de un hombre que rehusó seguir a Cristo porque quería ganar dinero. Dios le dijo:

*Necio, esta noche vienen a pedirte tu alma; y lo que has provisto, ¿de quién será? (Lucas 12:20).*

Todas sus posesiones terrenales no tendrán ningún valor cuando esté delante de Dios. Dos hombres estaban en el funeral de un amigo muy rico. Uno de ellos le susurró al otro: "¿Oíste cuánto dinero dejó Héctor?" El otro respondió: "Sí, dejó todo lo que tenía".

*Porque nada hemos traído a este mundo, y sin duda nada podremos sacar (1 Timoteo 6:7).*

Después que muera, se dará cuenta de que su relación con Jesús era más importante que ganar dinero. Si usted es sabio, no esperará hasta que sea demasiado tarde.

## Nunca podría amar a Dios después de lo que me hizo

Mucha gente está resentida con Dios por alguna tragedia que sufrió en el pasado. Debe saber que tal vez Satanás esté usando la tragedia que usted vivió para condenarle al infierno. Quizá constantemente hace que recuerde esa experiencia para endurecer su corazón contra Dios. El quiere mantener viva la amargura porque, mientras siga amargado contra Dios, no será salvo.

No permita que el diablo use su tragedia para condenarle al infierno. Comprenda que su enemigo es Satanás, no Dios. Satanás es el destructor (Juan 10:10), pero Dios es amor (1 Juan 4:16). Dios le ama y quiere salvarlo para sanar su corazón.

Imagine que un hombre sigue una vida de crímenes. Aunque su madre odia lo que hace su hijo, continúa amándolo. Un día él mata a un policía, lo declaran culpable y es condenado a la pena de muerte. Cuando llega el día de la ejecución, el reo escucha los temidos pasos que se acercan a su celda. Se abre la puerta, pero en lugar de llevarlo a la izquierda, hacia la cámara de muerte, lo guían a la derecha. El asombrado criminal es acompañado hasta la salida y le dicen que está libre.

"¿Qué pasa?", pegunta.

Un guardia le responde: "La pena de muerte fue pagada".

"Anoche tu madre fue ejecutada en tu lugar. Ella voluntariamente murió por ti, para que pudieras salir libre".

Eso es lo que Jesús hizo por usted. Aunque usted merecía la muerte eterna, Dios envió a Su Hijo, Jesucristo, a morir en su lugar para que usted sea libre. No permanezca amargado contra Dios. Ahora mismo decídase a creer en Cristo para que Dios cambie su corazón y vida.

## Si el cristianismo es lo correcto, ¿por qué hay tan pocos cristianos?

La mayoría de las personas rechazan a Cristo porque su padre, el diablo, les ha cegado la mente:

*En los cuales el dios de este siglo [Satanás] cegó el entendimiento de los incrédulos, para que no les resplandezca la luz del evangelio de la gloria de Cristo, el cual es la imagen de Dios (2 Corintios 4:4).*

Ya sea que usted esté consciente de ello o no, está en una guerra espiritual, y tiene un poderoso enemigo espiritual que desea destruirlo:

*El ladrón [Satanás] no viene sino para hurtar y matar y destruir (Juan 10:10).*

En su clásico himno cristiano, "Sublime Gracia", John Newton habla de su ceguera espiritual: *"Fui ciego mas hoy miro yo,* perdido y El me halló".

## ¿Está usted espiritualmente ciego?

Hay una forma de saberlo. Usted tiene dos opciones: confiar en Jesucristo por fe y recibir el regalo de la vida eterna, o rechazarlo y arder para siempre en las llamas del infierno. Si elije lo último, usted está espiritualmente ciego.

Está bajo el poder de Satanás y vive de acuerdo a la voluntad de él:

*En los cuales anduvisteis en otro tiempo, siguiendo la corriente de este mundo, **conforme al príncipe de la potestad del aire [Satanás],** el espíritu que ahora opera en los hijos de desobediencia (Efesios 2:2).*

Dios envió al apóstol Pablo para que predicara a los gentiles:

*Para que abras sus ojos, para que se conviertan de las tinieblas a la luz, y de la **potestad de Satanás** a Dios; para que reciban, por la fe que es en mí, perdón de pecados y herencia entre los santificados (Hechos 26:18).*

Mi oración es que sean abiertos sus ojos y retorne del poder de Satanás a Dios, por medio de la fe en Jesucristo. Para impedir que usted sea salvo, Satanás intentará quitarle las palabras de este libro:

*Y los de junto al camino son los que oyen, y luego viene el diablo y quita de su corazón la palabra, **para que no crean y se salven** (Lucas 8:12).*

Pida a Dios que le quite la ceguera espiritual para que vea la condición en que vive, perdido y engañado. Todavía puede pedirle a Jesús que le salve. Dios desea que usted confíe en El. Jesús dijo:

*... y al que a mí viene, no le echo fuera (Juan 6:37).*

### ¿No es su creencia demasiado intolerante?

Muchas personas religiosas que realmente no conocen a Dios dicen que este mensaje es intolerante hacia otras religiones. Incluso algunos lo llaman "odio". Usted tiene que decidir. Imagine el siguiente caso hipotético:

Hay un doctor que tiene vasta experiencia en el tratamiento de cierta enfermedad. Sabe que si receta cierto tipo de medicamento, el paciente morirá. En una conferencia de médicos, oye que tres colegas van a prescribir esa medicina a pacientes que padecen esa enfermedad.

¿Qué debe hacer él?

¿Debe permanecer en silencio por temor a ofender a otros médicos? ¿Debe quedar callado por miedo a que lo califiquen de "intolerante"? Por supuesto que no. A pesar de las consecuencias, debe hablar para salvar a esos pacientes.

Ese es también el propósito de este libro. Compartir con usted estas verdades tomadas de la Palabra de Dios, no es intolerancia ni odio. Tenemos que advertirle que le espera el cielo o el infierno. Nuestro deseo de que usted vaya al cielo no es intolerancia, sino amor. Si pertenece a una religión que le está guiando al infierno, el amor nos pide que se lo advirtamos.

### ¿Por qué no deja que la gente decida por sí misma?

Suponga que mientras escala una montaña, ve a un hombre ciego que está a punto de dar un paso al precipicio, hacia una muerte segura. ¿Dejaría que él tomara la decisión por sí mismo? No, usted correría hacia él para sujetarlo. Haría todo lo posible para que no diera ese paso.

Sin Cristo en su vida, usted está ciego espiritualmente. No ve que se está acercando a un precipicio que lo llevará a la condenación eterna. Si alguien le dio este libro, es porque se preocupan por usted. Saben que usted no ve lo que le espera más adelante, por tanto, porque se interesan en su alma, sienten que deben advertirle, tal como lo haría usted por aquel que está físicamente ciego.

## ¿Y qué pasará si está equivocado?

Usted puede apostar que estoy equivocado, pero, ¿está dispuesto a arriesgarse? Suponga que un apostador pierde todo su dinero en Las Vegas. El casino le ofrece una última oportunidad para apostar:

"Si gana, le devolveremos todo su dinero. Si pierde, entonces dos de nuestros guardias de seguridad lo llevarán al sótano y lo echarán en el fuego de la calefacción".

Obviamente, nadie que esté en sus cinco sentidos se arriesgaría a sufrir esas consecuencias. Sin embargo, a ese riesgo se somete usted cada día cuando rechaza a Cristo. Si muere, tiene garantizada la eternidad en las llamas del infierno.

Esta no es una táctica para asustarle, sino una advertencia sincera. Cuando una madre le dice a su hijo: "No toques la hornilla", ¿acaso ella sólo intenta asustarlo? No. Ella le advierte porque lo ama, y no desea que él sufra. Muchos niños ignoran esta advertencia, y aprenden la verdad cuando se queman la mano, pero es demasiado tarde.

Después de la muerte, será muy tarde para que se arrepienta. Su destino eterno estará establecido. El profeta Isaías planteó esta importante pregunta:

*¿Quién de nosotros morará con el fuego consumidor?*
*¿Quién de nosotros habitará con las llamas eternas?*
*(Isaías 33:14).*

Hay sólo un camino para escapar de las llamas del infierno eterno. ¿Lo aceptará?

*¿Cómo escaparemos nosotros, si descuidamos una salvación tan grande? (Hebreos 2:3).*

¿Se arrepentirá de sus pecados y confiará en Cristo como su

Salvador? Con El, tiene todas las de ganar, y nada que perder. Dios desea salvarle ahora mismo:

*Porque esto es bueno y agradable delante de Dios nuestro Salvador, el cual **quiere que todos los hombres sean salvos** (1 Timoteo 2:3-4).*

Si continúa rechazando a Cristo como su Salvador, el resto de este libro no será de ayuda para usted.

Pero, le advertimos por última vez: no importa cuál sea su excusa, si muere sin Cristo, el infierno será su morada eterna.

Permita que Cristo Jesús sea su Salvador hoy, antes que sea demasiado tarde eternamente.

*Cuando nuestra vida llega a su fin*

## ¿Qué debo hacer ahora que soy cristiano?

Si recién ha recibido a Jesucristo como su Salvador, ahora usted es una nueva criatura. Y, como un bebé recién nacido, necesita crecer. Aquí encontrará algunos pasos básicos que le ayudarán en su nueva vida cristiana.

## Asista a una iglesia que predique la Palabra de Dios

La Palabra de Dios nos da este mandato:

*No dejando de congregarnos, como algunos tienen por costumbre, sino exhortándonos; y tanto más, cuanto veis que aquel día se acerca (Hebreos 10:25).*

Pida a Dios que le guíe a la iglesia a la que El desea que asista. En esa iglesia conocerá a otros creyentes y tendrá comunión con ellos. Además, escuchar la predicación y la enseñanza de la Palabra de Dios le ayudará a crecer espiritualmente. La iglesia también le proveerá un lugar donde podrá servir a Dios, lo que le ayudará aún más en su crecimiento espiritual.

## Debe bautizarse

Como nuevo cristiano, debe seguir el ejemplo de Cristo y ser bautizado. El bautismo bíblico es la inmersión del nuevo creyente en el agua. Leemos en el Nuevo Testamento que los nuevos cristianos, después de confiar en Jesucristo, eran bautizados:

*Así que, los que recibieron su palabra fueron bautizados (Hechos 2:41).*

En Hechos 8:36-37, el eunuco etíope dijo:

*Aquí hay agua; ¿qué impide que yo sea bautizado? Felipe dijo:* **Si crees de todo corazón, bien puedes.**

Puesto que usted debe primero creer en Cristo antes de ser bautizado, el bautismo de infantes no cuenta. Los bebés no pueden creer en Cristo; por tanto, no pueden ser bautizados como indica la Biblia. Si usted fue bautizado cuando era bebé, y ahora ha encontrado la salvación, necesita ser bautizado nuevamente.

## Lea su Biblia cada día

La Biblia es la carta de amor de Dios para usted. Cada vez que la lea, crecerá espiritualmente (1 Pedro 2:2) y conocerá a Dios un poco mejor. La lectura de la Palabra de Dios afirmará sus creencias y lo equipará para defenderlas:

*Procura con diligencia presentarte a Dios aprobado, como obrero que no tiene de qué avergonzarse, que usa bien la palabra de verdad (2 Timoteo 2:15).*

Además, la lectura de la Palabra de Dios limpiará su vida (Salmos 119:9), le guardará de pecado (Salmos 119:11), aumentará su fe (Romanos 10:17) y será su guía:

*Lámpara es a mis pies tu palabra, y lumbrera a mi camino (Salmos 119:105).*

## Ore

Ahora que es cristiano, puede hablar directamente con Dios por medio de la oración. Dios nos dice lo siguiente:

*Clama a mí, y yo te responderé, y te enseñaré cosas grandes y ocultas que tú no conoces (Jeremías 33:3).*

La oración bíblica no es una repetición de palabras frías, ceremoniosas, escritas por otras personas:

*Y orando, no uséis vanas repeticiones, como los gentiles, que piensan que por su palabrería serán oídos (Mateo 6:7).*

La verdadera oración es decirle a Dios lo que hay en nuestro corazón:

*Esperad en él en todo tiempo, oh pueblos; **derramad delante de él vuestro corazón** (Salmos 62:8).*

La Palabra de Dios nos dice que oremos por todo, incluyendo nuestras necesidades básicas (Mateo 6:11) y deseos (Filipenses 4:6). Debemos orar el uno por el otro (Santiago 5:16), por nuestros enemigos (Lucas 6:28), por los enfermos (Santiago 5:14-16), y por sabiduría (Santiago 1:5).

También debemos dar gracias a Dios cada día por sus bondades (Salmos 100:4). Lo mejor de todo es que podemos orar en cualquier momento:

*Cercano está Jehová a todos los que le invocan, a todos los que le invocan de veras (Salmos 145:18).*

### Diga a otros lo que Jesús hizo por usted

Como cristiano, debe compartir con otros lo que Jesús ha hecho por usted. Nada es más importante o grato que hablar a otros de Cristo:

*Sepa que el que haga volver al pecador del error de su camino, salvará de muerte un alma, y cubrirá multitud de pecados (Santiago 5:20).*

No hay mejor forma de invertir su tiempo:

*El fruto del justo es árbol de vida; y el que gana almas es sabio (Proverbios 11:30).*

### Conclusión

El propósito de este libro fue mostrarle, en base a la única fuente autorizada, lo que le espera después de la muerte y ayudarle a determinar cuál será su destino eterno. Mi oración es que después de leer este libro, usted haya confiado en Jesucristo como su Salvador personal.

Que Dios le bendiga.

## Otros libros escritos por Rick Jones

**Conozcamos el Catolicismo Romano**
Sin emitir juicio, este libro compara 37 de las doctrinas principales del catolicismo para mostrarles con amor a los católicos que su religión en verdad no es cristiana. Incluye una invitación a que reciban la salvación y una súplica para que salgan de la Iglesia Católica.
*222 páginas, rústica*

### Dos libros para adolescentes

**Escalera al Infierno**
Este libro revelador habla con franqueza a los adolescentes, mostrándoles el plan básico que está usando Satanás para destruir a millones de jóvenes. También les indica cuál es la única forma en que pueden obtener la victoria. *206 páginas, rústica*

**Cómo Ser un Triunfador**
Este libro de fácil lectura muestra a los adolescentes 18 principios bíblicos que les ayudará a vencer los problemas de la vida que enfrentan cada día. Incluye testimonios emocionantes.
*256 páginas, rústica*

**CHICK**
PUBLICATIONS
PO Box 3500
Ontario, Calif. EUA 91761
Tel: (909) 987-0771

*Puede pedir estos libros por medio de la Internet en:*
**www.chick.com/es/**